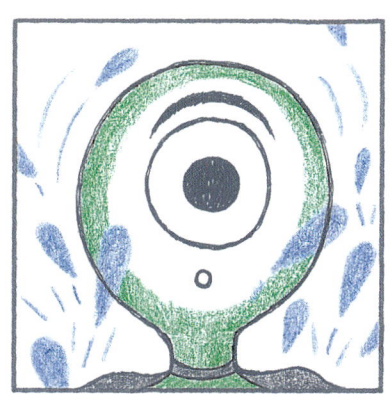

이 반짝거리고 축축한 건 뭐지?

글 김성화·권수진

부산대학교에서 생물학, 분자생물학을 공부했어요. 책을 좋아하고 과학을 좋아해요. 심오한 과학의 세계로 아이들과 함께 가고 싶어요.
『고래는 왜 바다로 갔을까?』, 『과학자와 놀자』, 『파인만, 과학을 웃겨 주세요』, 『세균호텔』, 『뉴턴』, 『갈릴레오 갈릴레이』,
『그런데요, 생태계가 뭐예요?』, 『쉿! 바다의 비밀을 말해 줄게』, 『점이 뭐야?』외 여러 책을 함께 썼어요.

그림 소복이

물이 얼마나 재미나고 사랑스러운지를 알게 되면서 바람도, 흙도, 우주도 궁금해지기 시작한 만화가예요.
지은 책으로는 『애쓰지 말고, 어쨌든 해결1, 2』, 『소년의 마음』이 있어요.

과학 상상, 어떻게 하지? 2

물은 예쁘다

초판 1쇄 2018년 5월 9일 | **초판 2쇄** 2019년 12월 16일
지은이 김성화, 권수진 | **그린이** 소복이 | **편집** 최은주, 박선영 | **디자인** 달·리크리에이티브
마케팅 강백산, 강지연 | **펴낸이** 이재일 | **펴낸곳** 토토북 | **주소** 04034 서울시 마포구 양화로11길 18 3층(서교동, 원오빌딩)
전화 02-332-6255 | **팩스** 02-332-6286 | **홈페이지** www.totobook.com | **전자우편** totobooks@hanmail.net | **출판등록** 2002년 5월 30일(제 10-2394호)
ISBN 978-89-6496-370-8 74400, ISBN 978-89-6496-368-5 74400(세트)

ⓒ 김성화, 권수진, 소복이 2018

• 이 책은 저작권법에 의해 보호를 받는 저작물이므로 무단 전재 및 무단 복제를 금합니다. • 잘못된 책은 바꾸어 드립니다.

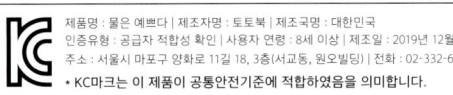

제품명 : 물은 예쁘다 | 제조자명 : 토토북 | 제조국명 : 대한민국
인증유형 : 공급자 적합성 확인 | 사용자 연령 : 8세 이상 | 제조일 : 2019년 12월 16일
주소 : 서울시 마포구 양화로 11길 18, 3층(서교동, 원오빌딩) | 전화 : 02-332-6255

* KC마크는 이 제품이 공통안전기준에 적합하였음을 의미합니다.
⚠ 주의 아이들이 책의 모서리에 다치지 않게 주의하세요.

과학 상상, 어떻게 하지? 2

물은 예쁘다

나는 세수를 한다.
눈을 비비고 거울을 본다.
머리가 헝클어진 여자아이가 있다.

하품을 하고 수도꼭지를 튼다.
가끔은 수도꼭지에서
팝콘이 튀어나오면 좋겠다.

하지만
그런 일은 일어나지 않아.

수도꼭지를 튼다.
그때 아주아주 이상한 일이 일어났다!

투명한 것이

주
르
르

떨
어
졌
다.

나는 그걸 곰곰이 노려본다.
손으로 건드린다.
부드럽게 흘러내린다.
물이…… 젤리 같으면 좋겠다.

앗, 몰랑몰랑 쫀득쫀득.
물이 모래알처럼 차르르 쏟아진다.
죽처럼 뚝뚝 떨어진다.
못처럼 쨍그랑 떨어진다.
깜짝 놀라 수도꼭지를 잠근다.
두 손으로 붙잡고 두근두근 돌린다.

똑!

똑!

똑!
쪼로록
쪼로록

졸졸
줄줄

콸콸콸콸
쏟아진다.
휴!

나는 물을 바라본다.
외계인처럼
처음 보는 것처럼
물을 노려본다.
투명하다.
흘러내린다.
손을 대어 본다.

차갑다.

부드럽다.

어푸어푸 세수를 해야지.
눈에 물이 들어갈까 봐 눈을 꼭 감는다.
물속에 손을 넣는다.
이크! 손이 물속에 들어간다.
물이 비켜 준다!
투덜투덜하지 않고 찌푸리지 않고.

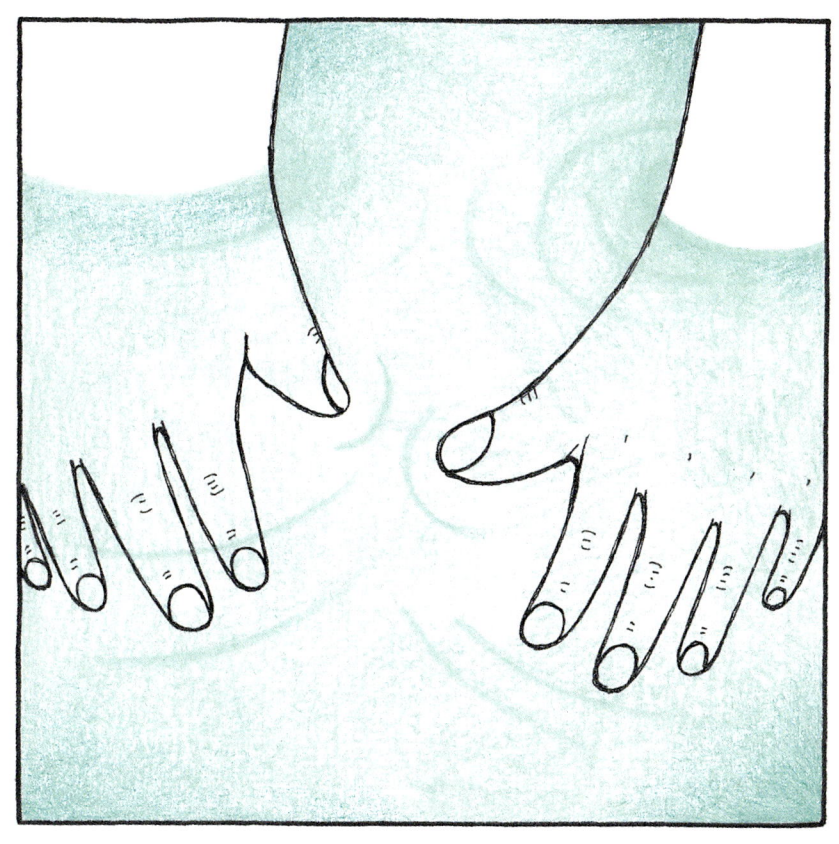

물속에
손을 넣을 수 있는 건
물이 잘 비켜 주기 때문이다!

물은 물렁물렁하다.

흐물흐물하다.

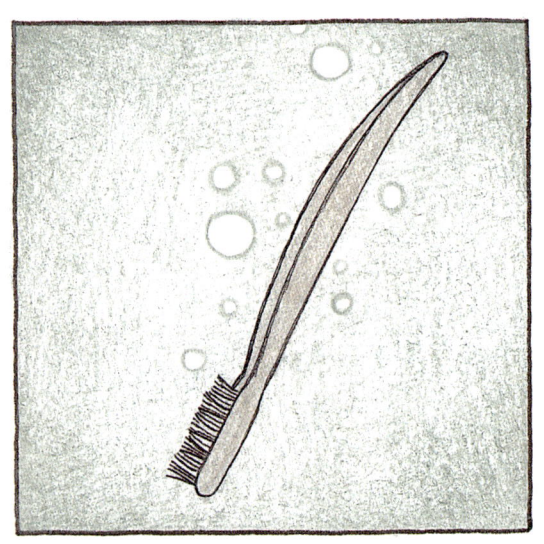

물속에 칫솔을 넣어 본다.

양치 컵을 넣어 본다.
뽀로록 들어간다.

아빠 면도기를 집어넣는다.
퐁당 들어간다.

뾰족한 것을 넣어도
날카로운 것을 넣어도
물은
구겨지지 않고
찢어지지 않고
구멍이 나지 않는다!

손을 쫙 펴고 물을 갈라 볼까. 케이크를 자를 때처럼 빠르게 물을 베고 지나가면
물이 꼭꼭 숨겨 뒀던 옆쪽을 보여 줄지도 몰라.

하지만 물은 금방 도로 붙어 버린다!

푸르지도 않고 파랑지도 않고 희지도 않다.
물이 분홍색이면 좋을 텐데…….

분홍색 비가 오고 분홍색 안개가 끼고.
나는 분홍색 물에 세수를 할 거야.

어푸어푸 얼굴을 씻어야지.
헉! 물이 끈적끈적하게 달라붙을지도 몰라!
물이 덕지덕지 얼굴에 달라붙어서 떨어지지 않는다면 큰일이다!

휴! 물은 잘 씻어 준다!
나는 손을 씻고 때를 씻고 거품을 씻는다.
물이 버석버석 모래 같다면 끈적끈적 물엿 같다면, 씻을 수 있을까?
물은 모래가 할 수 없는 걸, 딱딱한 쇠가 할 수 없는 걸,
끈적끈적한 풀이 할 수 없는 걸, 미끈거리는 기름이 할 수 없는 걸,
할 수 있다!

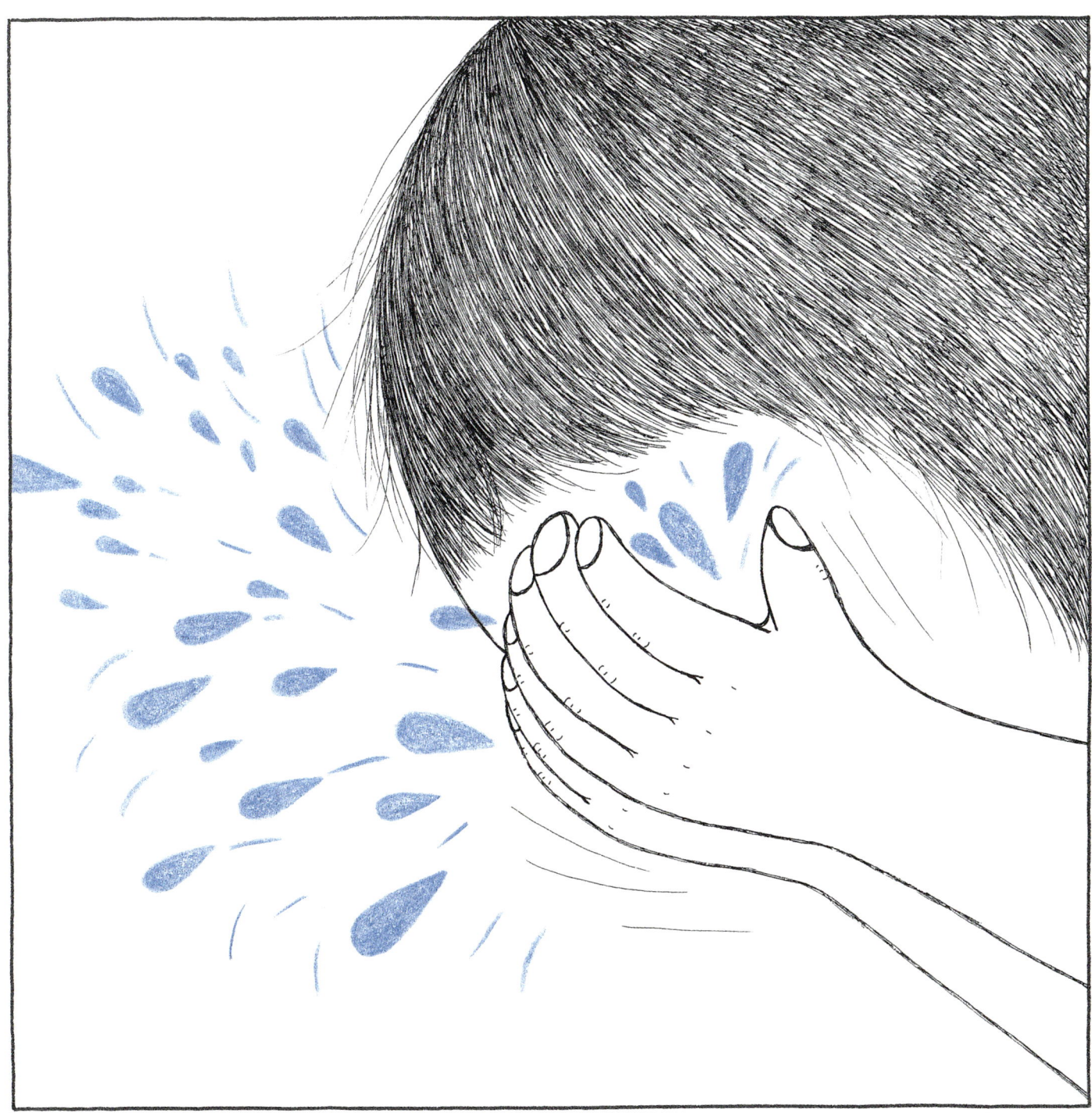

"하은아!"
엄마가 부른다!
욕실에 오래 있으면 엄마가 소리친다.
나가야 돼…….
욕조에 물을 받는다.

콸
콸
콸
콸

욕조에 가득 물이 찬다.
물은 벽돌처럼 네모나게 쌓이지 않고
국수 가락처럼 구불구불 쌓이지 않고
맨들맨들 가득가득 올라온다.
빈 데가 없다!
주걱으로 펴 주지 않아도 꾹꾹 눌러 주지 않아도
잘 펴진다.
마개를 뽑는다.
꾸룩꾸룩꾸룩
물이 간다.

"뭐해에엣……, 안 나와!"

나는 식탁에 앉아
물을 마신다.

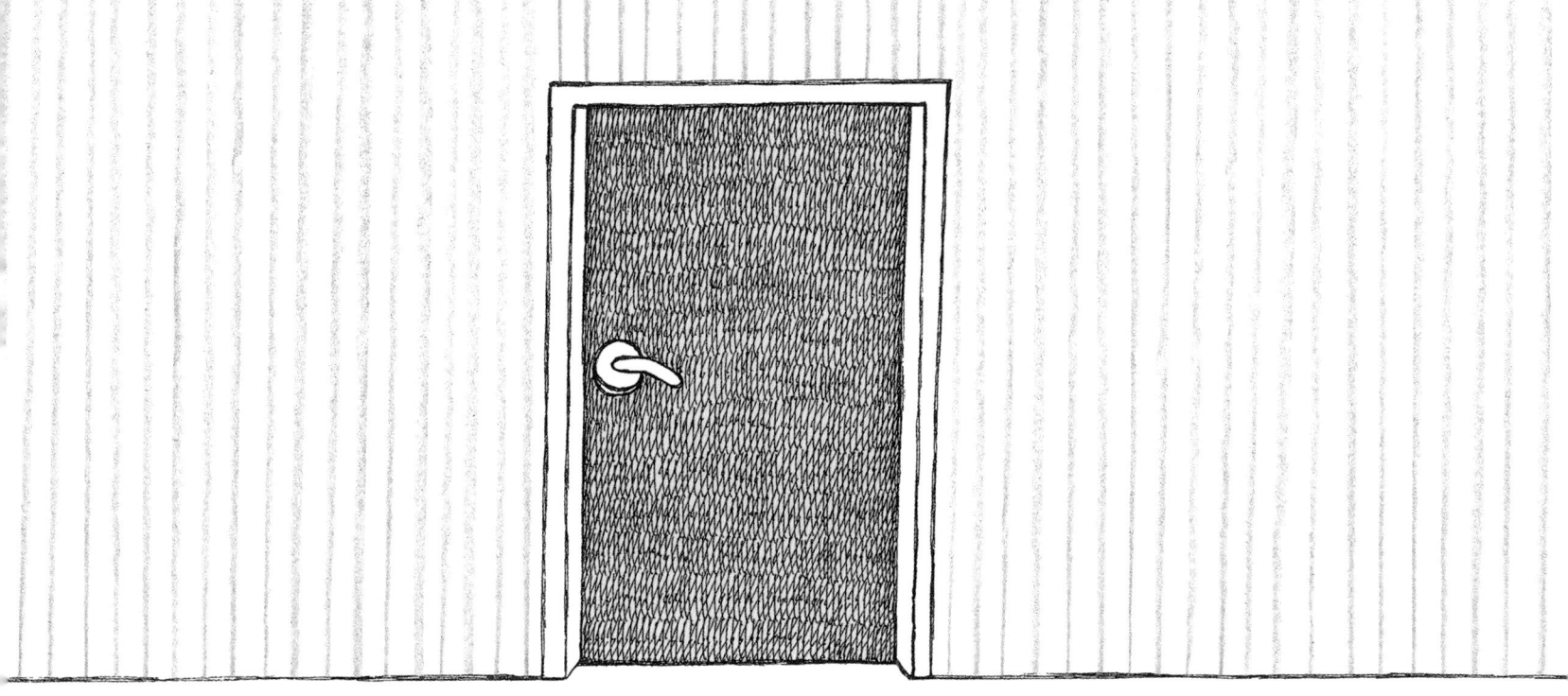

컵을 기울인다.
컵이 기울어진다.

물은 기울어지지 않는다!

컵을 조금 기울여도

많이 기울여도 물은 평평하다!

컵을 많이 기울이면 물이 나가 버린다!

엄마가 소리 지른다.
"뭐하는 짓이야!"

오늘 우리 집에 외계인이 놀러 왔다.
그 애는 물이 무엇인지 모른다.
자기가 사는 별에는 물이 없단다.
나는 시원한 물을 한 컵 따라 준다.

내가 먼저 마시는 시늉을 해야지.
외계인이 놀라서 쳐다보겠지.
외계인이 꿀떡 물을 삼킨다.
꼬 푸 아 꿍 쫑 뚜 루!
알아들을 수 없는 소리를 낸다.

아빠 신문에 물을 붓는다.
글자들도 헤엄치고 싶을 것 같다.
신문이 축축해진다.
물이 들어가 버렸다!
꼬마 외계인이
눈이 튀어나올 듯 쳐다보겠지.

물이

점
점
사
라
진
다.

밥 속에 콩알도 사라져 버렸으면! 하지만 그런 건 사라지지 않는다.

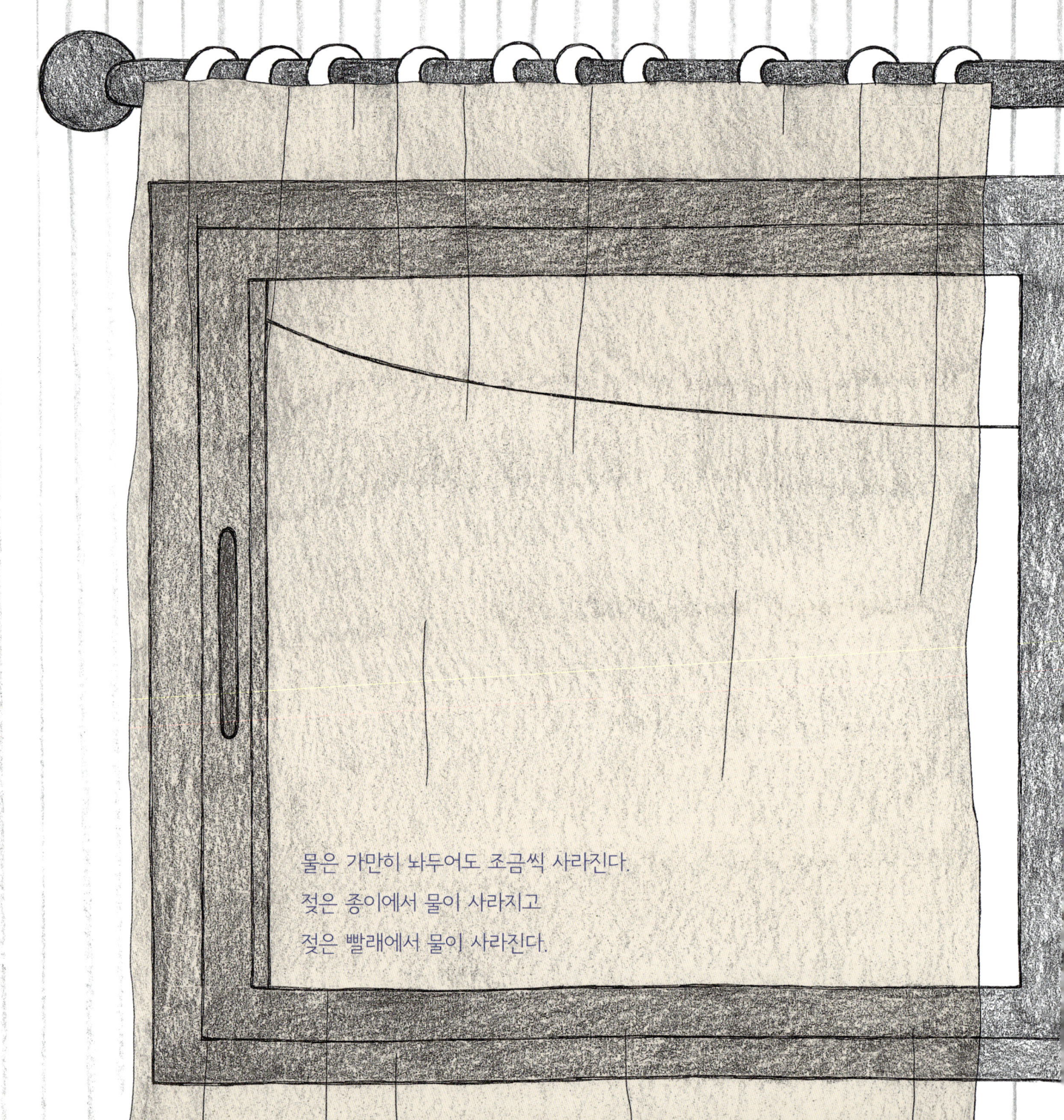

물은 가만히 놔두어도 조금씩 사라진다.
젖은 종이에서 물이 사라지고
젖은 빨래에서 물이 사라진다.

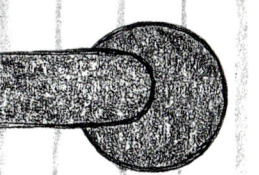

그렇지 않다면 백 년 동안 축축한 옷을 입고 천 년 동안 축축한 양말을 신어야 할 거다.

땀이 백만 년 동안 안 마르고 눈물이 백만 년 동안 안 마르면 큰일이다!

물은 날아간다!

작고 작고 작은 물방울이 되어 훨훨 날아간다.

더운 날에는 물방울이 빨리 더 빨리 날아간다.
멀리멀리 사라진다.

동전이나 인형, 머리카락이 사라지면 큰일이다!

하지만 물은 영영 사라진 게 아니다.
물이 하늘에 모여서 후두둑 떨어진다.
구름은 하늘에 떠 있는
아주아주 작은 물방울이다.
"물방울이 우글우글 모이고
먼지가 덕지덕지 달라붙고
차가워져서 구름이 되는 거야. 알겠니?"

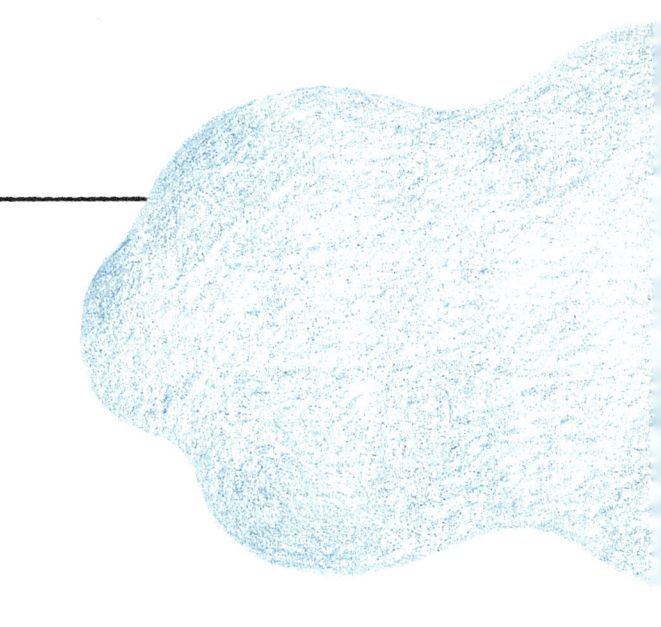

그 애는 눈이 휘둥그레진다.
"집에서도 구름을 만들 수 있어.
이리 와 봐!"

주전자에 물을 끓인다.
물이 보글보글 끓는다.
주둥이 밖으로 물방울이 모락모락 올라온다.
하얀 구름이 생긴다.
욕실 문을 잠그고 뜨거운 물로 목욕을 할 때
거울에 구름이 생긴다.
아주아주 추운 날
따뜻한 방 안에 있으면
창문에도 구름이 생긴다.
구름을 닦아!
슥삭슥삭!

물은 모양이 없다. 주전자에 담으면 주전자 모양이 되고 꽃병에 담으면 꽃병이 된다.

신발에 담으면 신발 모양이 되고! 볼래?

"뭐하는 짓이야!"

물은 고집이 없다.
물통에 가면 물통이 되고
웅덩이에 가면 웅덩이가 되고
바다에 가면 바다가 된다.

고집쟁이 물도 있다.
물이 얼면 꼼짝도 안 한다!
얼음이 된다!
얼음은 차갑다.
매끌매끌하다.
투명하다.

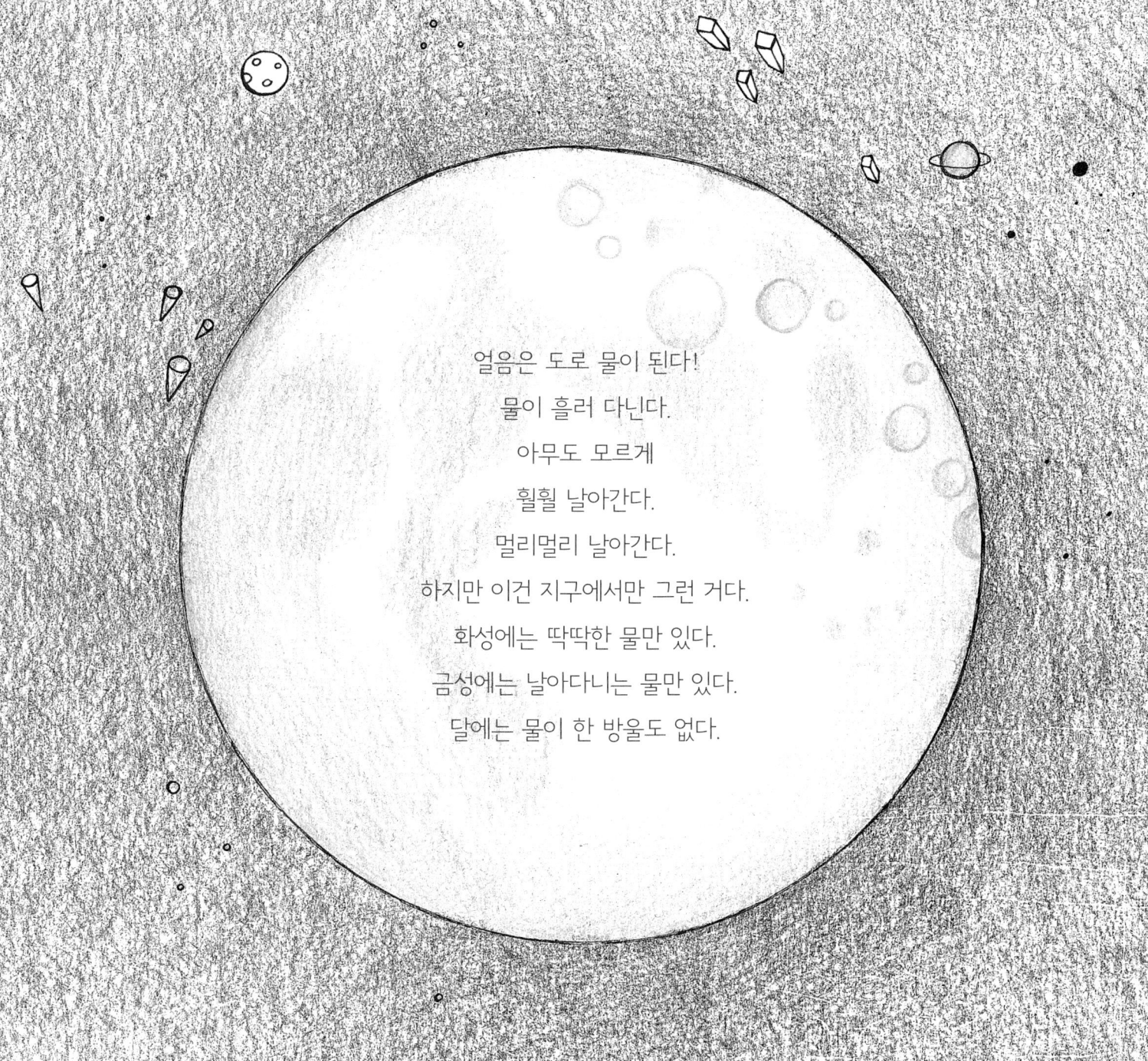

얼음은 도로 물이 된다!
물이 흘러 다닌다.
아무도 모르게
훨훨 날아간다.
멀리멀리 날아간다.
하지만 이건 지구에서만 그런 거다.
화성에는 딱딱한 물만 있다.
금성에는 날아다니는 물만 있다.
달에는 물이 한 방울도 없다.

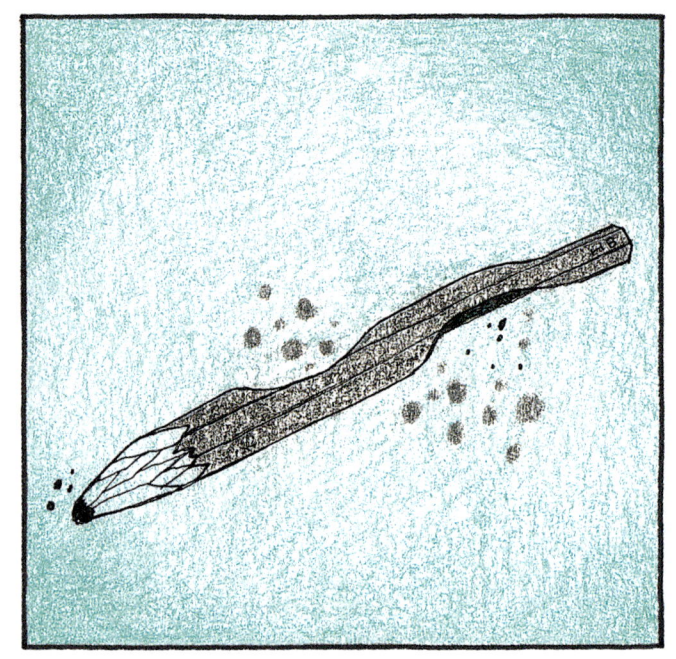

연필을 물에 넣는다.

서랍 속에 앗! 사탕이다.
나는 먹지 않고 물속에 넣는다.
사탕이 녹는다.
물에 녹는다!

문제집을 넣는다.

지우개를 넣는다.

녹아라 녹아라.

하지만 그런 건
안 녹는다.

나는 작고 작고 작고 작고 작은 사람이 되어
컵 속에서 헤엄친다.
물속에 물 분자가 가득하다.
나는 물 분자들 속에서 헤엄친다.
물 분자들이 툭툭 친다.
물 분자는 조금도 가만히 못 있는다!
부르르 떨고 밀치고 부딪고 부딪히고 튕겨 다닌다.
장난꾸러기 아이들 같다.

옛날 옛날에 나는 인어공주였다.

매일매일 물속에서 살고, 물속에서 놀고, 물속에서 숨을 쉬고, 물속에서 노래를 불렀다.

앗! 심장 속에서 물이 출렁거린다.
발가락 속에서도 물이 철벅거리는 것 같다.

어쩌면 어딘가에는
물로 된 세상이 있을지도 모른다.

물로 된 아이가
물로 된 줄에
물로 된 강아지를 묶고 산책을 한다.

물로 된 달이
출렁출렁
투명한 달이
하늘에서 내려다본다.

물이 어디에서 왔을까?

물은 수소와 산소로 되어 있어.
수소 두 개와 산소 한 개!
동글동글 동글동글.
물 분자는 우주에 많아.
하지만 지표면에 출렁출렁 흘러 다니는 물은 지구에만 있어.
머나먼 행성에 있을지도 모르지만
아직까지 아무도 발견하지 못했어.
고체, 액체, 기체로 변신하는 물이 지구에만 있어.

물은 0℃에 얼고 100℃에 끓고,
천천히 식고 천천히 뜨거워져!
만약에 물이 쇠처럼 빨리 뜨거워지고 빨리 식는다면
물속에 생물이 살 수 없어.
세포가 금방 익고 세포가 금방 얼어 버려!

물은 4℃일 때 가장 무거워.
무거운 물이 아래로 아래로 가라앉아.
0℃ 물이 위쪽에, 4℃ 물이 아래쪽에.
그래서 강물이 위쪽부터 어는 거야.
강물 위쪽이 꽁꽁 얼어도 아래쪽에 물이 흘러.
겨울에도 얼음 밑 물속에 물고기가 살아.
물로 된 구름, 물로 된 비, 물로 된 바다가 지구에 있어!
기적이 지구에 있어!

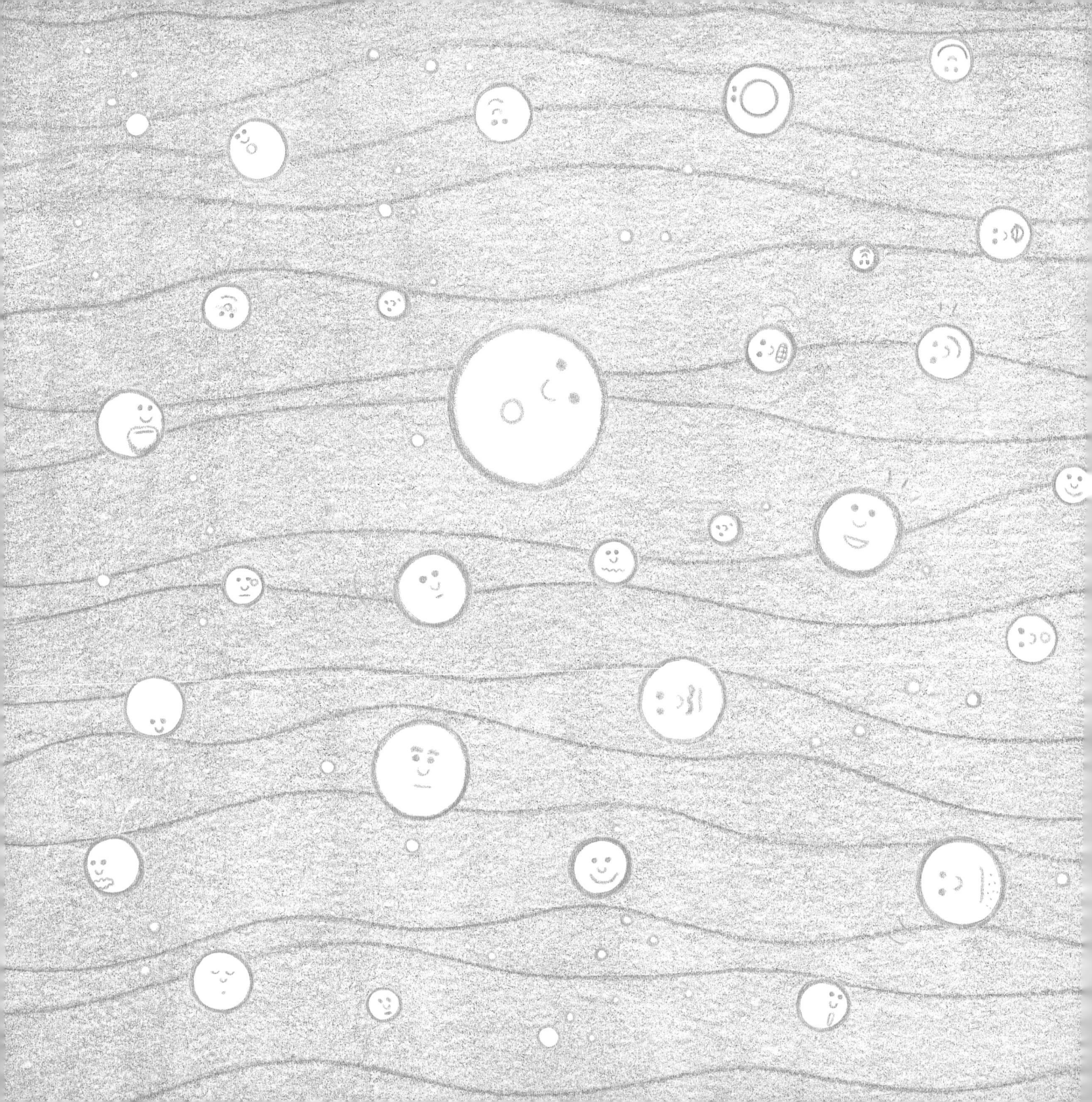